Este libro pertenece a:

Astronauta _____

A papá: siempre estás a mi lado, incluso aunque no pueda verte (S. M.)

A Baptiste, Floriane y a sus pequeñas Lunas, Charlie y Willow (S. L.)

A Deimos y Fobos, mis primos lejanos que orbitan alrededor de Marte (L.)

Puedes consultar nuestro catálogo en www.picarona.net

¡LUNA! LA MEJOR AMIGA DE LA TIERRA
Texto: *Stacy McAnulty*
Ilustraciones: *Stevie Lewis*

1.ª edición: septiembre de 2022
2.ª edición: junio de 2024

Título original: *Moon! Earth's Best Friend*

Traducción: *David George*
Maquetación: *El Taller del Llibre, S. L.*
Corrección: *Sara Moreno*

© 2019, Stacy McAnulty por los textos.
© 2019, Stevie Lewis por las ilustraciones.
Publicado por acuerdo con Henry Holt and Co.,
a través de Sandra Bruna Ag. Lit. S. L.
Henrry Holt® es una marca registrada
de Macmillan Publishing Group, LLC.
(Reservados todos los derechos)

© 2022, Ediciones Obelisco, S. L.
www.edicionesobelisco.com
(Reservados los derechos para la lengua española)

Edita: Picarona, sello infantil de Ediciones Obelisco, S. L.
Collita, 23-25. Pol. Ind. Molí de la Bastida
08191 Rubí - Barcelona - España
Tel. 93 309 85 25
E-mail: picarona@picarona.net

ISBN: 978-84-9145-599-8
Depósito Legal: B-9.005-2022

Impreso en Gràfiques Martí Berrio, S. L.
c/ Llobateres, 16-18, Tallers 7 - Nau 10. Polígono Industrial Santiga.
08210 - Barberà del Vallès - Barcelona

Printed in Spain

¡LUNA!
LA MEJOR AMIGA DE LA TIERRA

TEXTO: **STACY MCANULTY**

ILUSTRACIONES: **STEVIE LEWIS**

Mira hacia arriba.
¡Soy yo, la Luna!
Soy la mejor amiga de la Tierra.

Allá donde va la Tierra voy yo.

Hemos estado juntas *prácticamente* desde el principio.

Permíteme que te explique *nuestra* historia.

Érase una vez...

... hace unos 4500 millones de años, una roca espacial del tamaño de Marte impactó en la joven Tierra. ¡Menudo desastre!

Trozos de roca, pedazos de la Tierra e incluso lava salieron disparados hacia el espacio. ¡Todo este residuo producto del impacto se unió y el resultado fui YO!

¡Un satélite!

De hecho, soy el *único* satélite natural orbitando la Tierra.

Natural: *No* creado por los terrícolas.

Satélite: Doy vueltas alrededor de la Tierra.

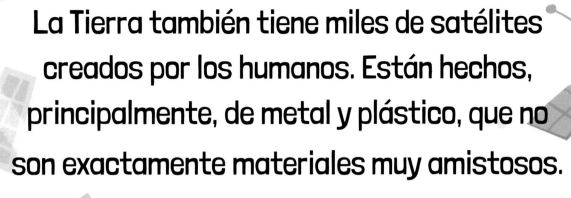

La Tierra también tiene miles de satélites creados por los humanos. Están hechos, principalmente, de metal y plástico, que no son exactamente materiales muy amistosos.

Supongo que eso me convierte en la mejor amiga de la Tierra.

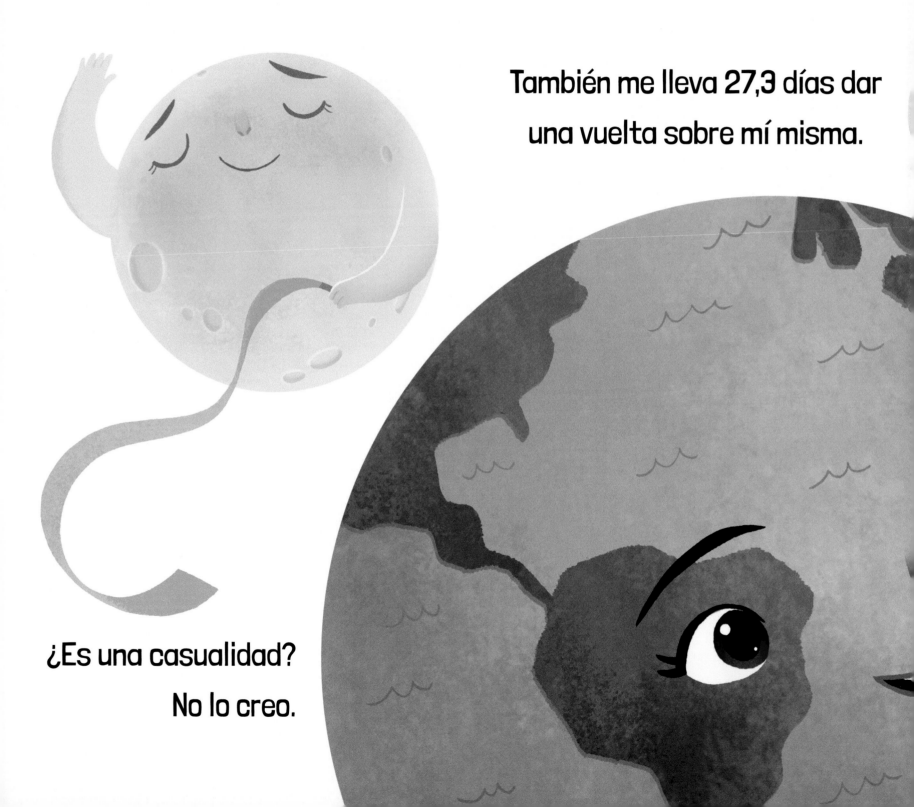

Me lleva **27,3** días dar
una vuelta alrededor de la Tierra.

También me lleva **27,3** días dar
una vuelta sobre mí misma.

¿Es una casualidad?

No lo creo.

¡Eso significa que soy de confianza!

Mi cara siempre sonríe a la Tierra.

(NUNCA me veréis el trasero).

Pero probablemente te habrás dado cuenta de que mi aspecto es distinto cada noche. Es divertido, ¿verdad?

¡Échales un vistazo a mis FASES!

cuarto
menguante

Luna
nueva

cuarto
creciente

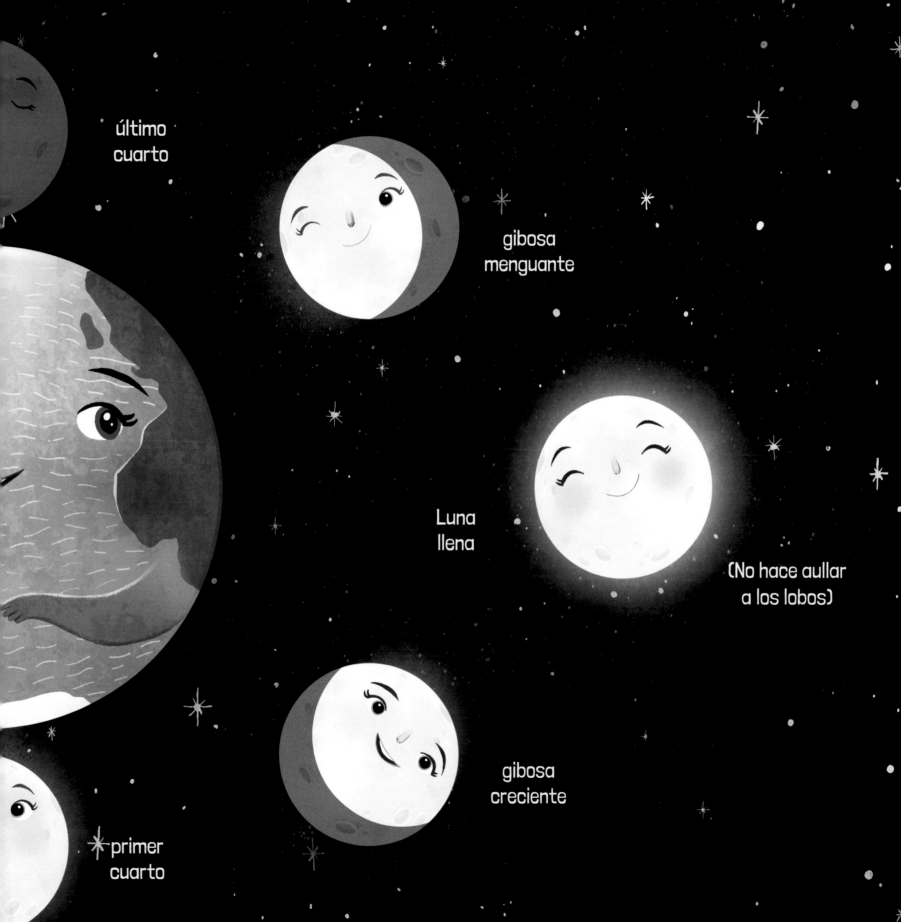

último
cuarto

gibosa
menguante

Luna
llena

(No hace aullar
a los lobos)

gibosa
creciente

primer
cuarto

Algunos otros planetas también tienen mejores amigos. Yo soy LA LUNA, pero no soy la única luna del sistema solar.

NEPTUNO y sus lunas

SATURNO y sus lunas

JÚPITER y sus lunas

MARTE y sus lunas

URANO y sus lunas

YO

TITÁN

CALISTO

GANÍMEDES

De todas las lunas,
soy la quinta más grande.

Siempre seré compañera de la Tierra,
pero eso no significa que seamos mellizas.

Ella es más grande.
Es cuatro veces
mayor que yo.

7 252 kilómetros
de circunferencia

40 022 kilómetros
de circunferencia

Y su fuerza de gravedad es
seis veces más fuerte.

Fuerza de gravedad: La fuerza invisible que hace que una manzana caiga hacia el suelo en lugar de salir volando por el cielo.

Una vaca que pese 600 kilos en la Tierra sólo pesaría 100 kilos en mí, la Luna.

Hablando de vacas...

La Tierra tiene vacas.
Y canciones infantiles.
Y canciones infantiles en las que los personajes son las vacas.

Pero nunca ninguna
vaca ha saltado por encima
de mí. Estoy demasiado lejos como para que incluso
un canguro pueda dar ese salto.

La distancia media
entre la Tierra y yo
es de 384 318 kilómetros.

Podrías colocar 30 Tierras en esa distancia,
y probablemente una millonada de vacas.

Los mejores amigos se ayudan los unos a los otros.

Evito que la Tierra se tambalee demasiado.
Puede que ésta sea la cosa más importante
que haga y probablemente ni siquiera lo sabías.

Conmigo: Giro suave.

¡Es obra de
mi gravedad!

Sin mí: El caos.
No os preocupéis,
observadores de la Luna.
Siempre estaré ahí.

No desaparezco durante el día.
Siempre estoy ahí para la Tierra.

Simplemente no puedes verme
cuando hay demasiada luz,
o cuando hay nubes, o cuando
estoy al otro lado de la Tierra.

Marea alta. Se da dos veces al día.

Marea baja. Se da dos veces al día.
Eso es la fuerza de gravedad de nuevo (mi fuerza de gravedad),

Tengo las mejores vistas de la Tierra.
Y la Tierra tiene las mejores vistas de mí.

Pero algunos terrícolas
querían verme de cerca.

Soy el único lugar *del universo*, aparte de la Tierra, en el que
el hombre ha puesto el pie. Y digo HOMBRE, literalmente.
Sigo esperando a que llegue la primera mujer astronauta.

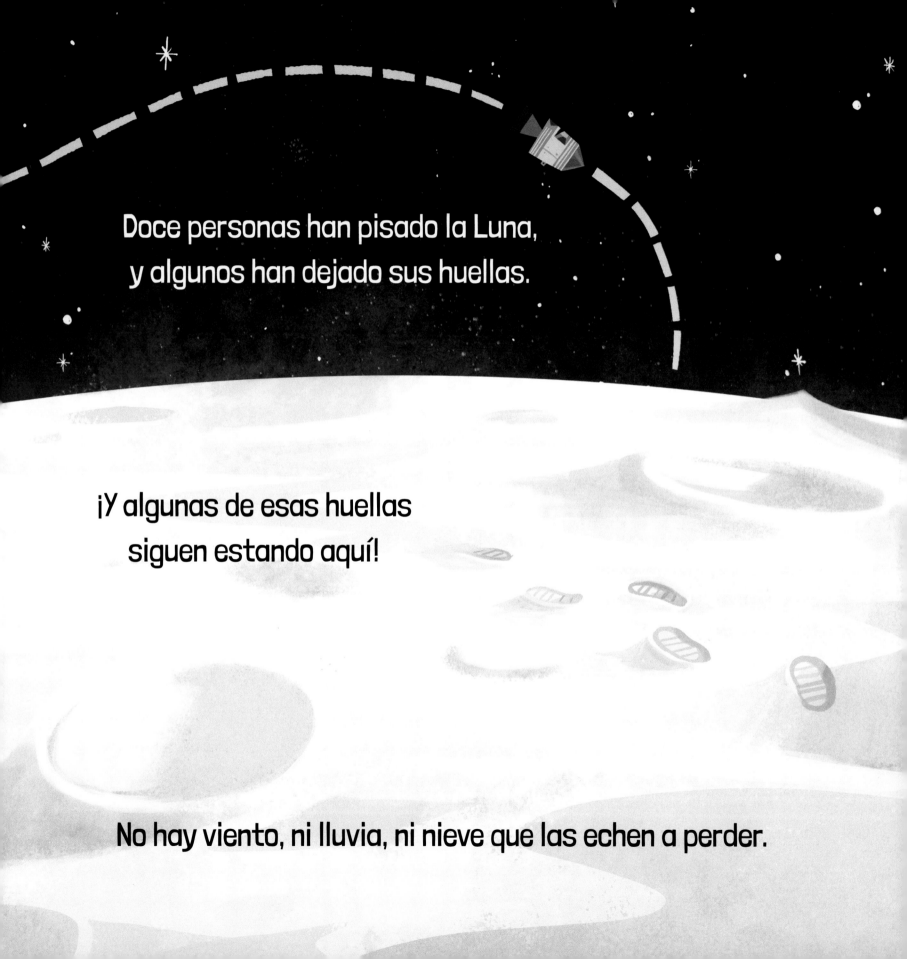

Doce personas han pisado la Luna,
y algunos han dejado sus huellas.

¡Y algunas de esas huellas
siguen estando aquí!

No hay viento, ni lluvia, ni nieve que las echen a perder.

Otras cosas que no encontrarás en mí son:

oxígeno

mosquitos

(lo que creo que es algo bueno)

plantas

agua líquida

animales

(incluyendo a las vacas)

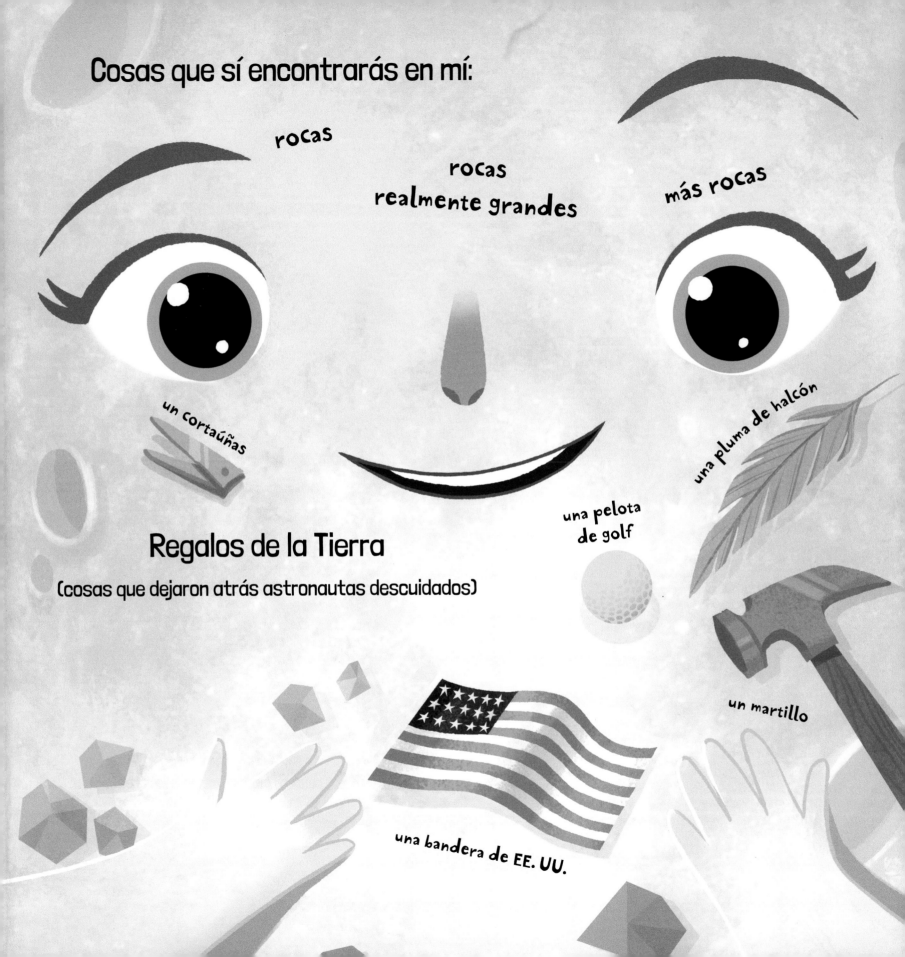

Cosas que sí encontrarás en mí:

rocas

rocas
realmente grandes

más rocas

un cortaúñas

una pluma de halcón

una pelota
de golf

Regalos de la Tierra

(cosas que dejaron atrás astronautas descuidados)

un martillo

una bandera de EE. UU.

¡La Tierra y yo nos divertimos tanto juntas!
Como cuando jugamos a los eclipses.

¡ECLIPSE SOLAR! Escondo el Sol durante algunos minutos.
Jugamos a esto durante el día.

¡ECLIPSE LUNAR! La sombra de la Tierra pasa sobre mí.

Jugamos a esto por la noche.

Siempre estoy ahí para la Tierra.

Siempre estoy ahí para ti.

Allá donde va la Tierra voy yo.

¡Y allá donde va la Tierra vas tú!

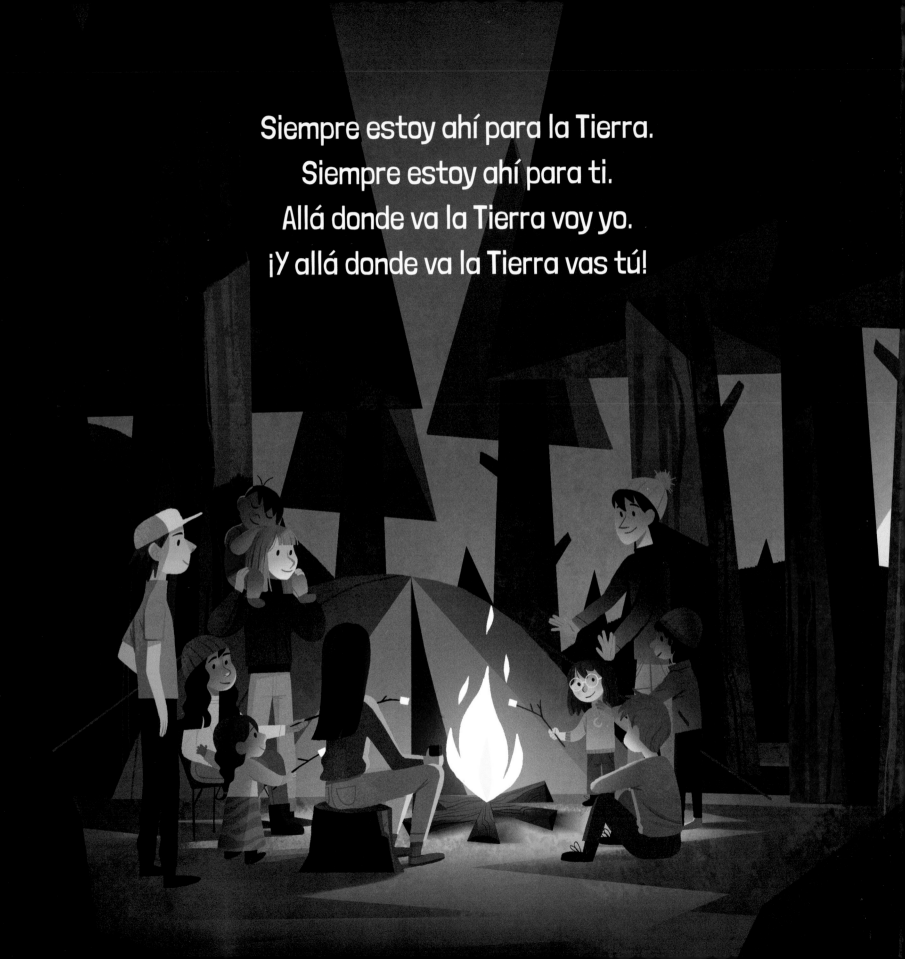

Imagino que eso también nos convierte en los mejores amigos.

Queridos amigos observadores de la Luna:

Es fácil ver por qué la Luna es la mejor amiga de la Tierra. La Luna es leal. Sabemos exactamente dónde y cuándo la veremos. La Luna es útil. Evita que nuestro planeta se tambalee demasiado y genera las mareas. Es divertida. No puede darse un eclipse sin ella. Además, la Tierra y la Luna comparten una historia que se remonta a hace 4500 millones de años. Así pues, la próxima vez que veas a tu mejor amigo, dile: «¡Eres tan maravilloso como la Luna!». Eso es todo un cumplido.

Cordialmente,

Stacy McAnulty
Escritora y fanática de los satélites naturales

P. D. Cada día, los científicos aprenden más y más cosas sobre nuestro sistema solar. (¡Viva la ciencia!). Así pues, puede que algunos detalles cambien a medida que nuestros conocimientos aumentan. Pero, oye, eso es de esperar, ¿verdad?

Dos verdades y un mito sobre la Luna

¿Puedes adivinar qué dos afirmaciones sobre mí son ciertas y cuál no?

Ronda 1

A. Los lobos y los perros me aúllan.
B. Me estoy alejando de la Tierra.
C. Tengo un núcleo rico en hierro en mi centro.

Respuesta:

B y C son ciertas. Me encuentro, de media, a aproximadamente 384318 kilómetros de la Tierra. Cada año me alejo unos dos centímetros y medio de ella. Al igual que la Tierra, tengo capas (corteza, manto y núcleo).

Eso significa que la opción A es falsa. Incluso cuando estoy en fase de Luna llena, los animales no aúllan. Sin embargo, como reflejo mucha más luz durante esa fase, puede que los animales estén más activos de noche.

Ronda 2

A. Doce hombres han caminado sobre mi superficie.
B. Estoy hecha de queso.
C. Afecto a las mareas de los océanos.

Respuesta:

Por supuesto, la opción B es falsa. Hace unos 500 años, el dramaturgo John Heywood bromeaba: «La Luna está hecha de queso verde». Parece que el rumor ha permanecido vigente desde entonces. Mi aspecto de queso suizo procede de los cráteres generados por rocas espaciales (asteroides y meteoritos) que chocaron contra mí.

Las opciones A y C son ciertas. La NASA ha enviado a doce astronautas que dieron cortos paseos sobre mi superficie. Todos ellos fueron hombres estadounidenses. Además, mi gravedad tira de los océanos terrestres, lo que da lugar a las mareas.

Ronda 3

A. Los terrícolas siempre veis mi misma cara.
B. No pertenezco a ningún terrícola.
C. Hago que los terrícolas se vuelvan locos.

Respuesta:

Tanto la opción A como la B son ciertas. Como giro sobre mí misma y doy vueltas alrededor de la Tierra a la misma velocidad, siempre veis mi mismo hemisferio. Sin embargo, no tengo una «cara oscura». La luz del Sol brilla sobre toda mi superficie, pero en distintos momentos. La mitad de la Tierra siempre está iluminada por el Sol, y la mitad de mi superficie también está iluminada en todo momento. Además, no pertenezco a nadie. Un tratado internacional de 1967 prohíbe que ninguna nación, persona o empresa posea ningún objeto natural del espacio.

El mito que dice que hago que la gente se vuelva loca es, simplemente, una locura. Tampoco puedo ayudarte a enamorarte ni hacer que tu amigo se convierta en un hombre lobo. Mi influencia es limitada.

La LUNA en cifras

29,5: Tenemos Luna llena cada 29,5 días terrestres. (El período sideral es de 27,3 días y el período sinódico es de 29,5 días).

384 318: La distancia media entre la Tierra y la Luna es de 384 318 kilómetros.

127: La temperatura en la Luna puede alcanzar los 127 °C.

-138: Y la temperatura puede caer hasta los −138 °C.

3 475: El diámetro medido en el ecuador de la Luna es de 3 475 kilómetros.

3 470: El diámetro entre los polos de la Luna es de 3 470 kilómetros. (La Luna no es una esfera perfecta).

27,3: Un «año» lunar equivale a 27,3 días terrestres si consideras que un año corresponde al tiempo que le lleva a la Luna dar una vuelta alrededor de la Tierra.

27,3: Un «día» lunar equivaldría a 27,3 días terrestres si consideras que un día corresponde al tiempo que le lleva a la luna girar sobre sí misma.

Lo que da de sí un nombre

Luna de sangre: Se da durante un eclipse lunar, mientras la Luna atraviesa la sombra generada por la Tierra. La Luna adopta un color rojizo.

Luna azul: Es la segunda Luna llena en un mes natural.

Microluna: Como la Luna no da vueltas alrededor de la Tierra en forma de un círculo perfecto, a veces está un poco más alejada y se ve más pequeña. Vemos una microluna cuando la Luna se encuentra en su punto más alejado de la Tierra.

Superluna: Es lo contrario a una microluna. Cuando la Luna está llena y en su punto más cercano a la Tierra, se ve más grande (alrededor de un 14 % más grande) y más brillante (alrededor de un 30 % más brillante).

Las culturas indígenas también han dado nombres a la Luna dependiendo del momento del año. Por ejemplo, en inglés, la primera Luna llena del año recibe el nombre de Luna de Lobo, Luna Vieja o Luna de Hielo. Estos nombres tienen más que ver con la vida en la Tierra que con las actividades en la Luna. En inglés también tenemos, entre otros nombres chulos, Luna de Nieve, Luna de Cosecha, Luna de Fresa, Luna de Castor y Luna de Trueno.

Fuentes de información:

GOLDSMITH, M.; HYNES, M. y TAYLOR, B.: *Earth and space: A thrilling adventure from planet Earth into the Universe.* Kingfisher, Nueva York, 2016.

KERROD, R.: *Universe. Eyewitness Books.* DK Publishing, Nueva York, 2015.

MANCINI, M.: «Why do people say the Moon is made of cheese?», *Mental Floss*, 16 de octubre de 2018. mentalfloss.com/article/53107/why-do-people-say-moon-made-cheese

NASA: «A compilation of human artifacts on the Moon», Maps and catalog, 5 de julio de 2012. history.nasa.gov/humanartifacts.html

NASA SCIENCE: «Earth's Moon: Our natural satellite», actualizado el 5 de octubre de 2018. solarsystem.nasa.gov/moons/earths-moon/overview/

NATIONAL GEOGRAPHIC: «Full Moon names, explained», actualizado el 24 de octubre de 2018. nationalgeographic.com/science/space/solar-system/full-moon/

TREFIL, J.: *Space Atlas: Mapping the universe and beyond.* National Geographic, Washington (Distrito de Columbia), 2012.